Gudrun Hettinger

Laubsägen Fröhliche Figuren

CREATIV COMPACT

CHRISTOPHORUS

Inhalt

Kantenhocker & Co.

Holz ist ein faszinierendes Material. Es strahlt Wärme und Gemütlichkeit aus. Und es macht viel Spaß, dieses natürliche Material in Form zu bringen und zu bemalen. Ich möchte Sie gerne dazu motivieren, dekorative Schmuckstücke für die Wohnung oder für den Garten zu gestalten. Ob Sie sich für größere oder kleinere Motive, für ein ansprechendes „Welcome" im Eingangsbereich, für originelle Kantenhocker oder auch für einen ausgefallenen Türrahmenhocker entscheiden, Sie werden sicherlich große Freude bei der Gestaltung haben. Ein Schlummer-Schlafmond wird die Kinder begeistern, und auch die Winterzeit mit Weihnachten kommt nicht zu kurz.

Holz lässt sich gut mit einer Laubsäge für feinere Arbeiten und mit einer Stichsäge für die gröberen bearbeiten. Ideal ist eine Dekupiersäge. Diese Sägen gibt es mittlerweile recht preisgünstig in Baumärkten oder bei besonderen Aktionen von verschiedenen Billiganbietern. Effektvolle Ergänzungen kann man mit bereits fertigen Holzteilen bzw. Holzstreuteilen vornehmen.

Ich wünsche Ihnen viel Erfolg beim Gestalten und ein fröhliches Sägen.

Ihre

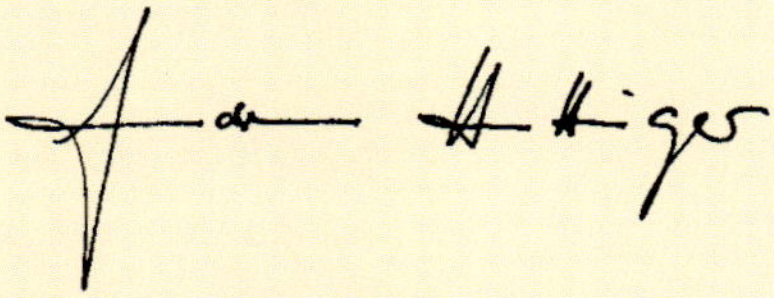

Besuchen Sie mich auf meiner Homepage:
www.gudrun-hettinger.de

Material

Sperrholz oder Pappel-Sperrholz, Dachlatten (etwa 3,6 x 1,9 cm) und Balkonbretter gibt es im Hobbyfachhandel und in Baumärkten. Für den Außenbereich wasserfest verleimtes Holz verwenden.

Hinweis

Fertigteile, die auf dem Vorlagebogen noch zusätzlich als Zeichnung vorhanden sind, sind bei der Holzberechnung nicht berücksichtigt.

Werkzeuge

Dekupiersäge oder Stichsäge und Laubsäge, Schere, Schleifpapier, Körnung 80 und 120, Seitenschneider, Flachzange, Bohrmaschine, diverse Bohrer, wasserlösliche Mattfarben, Flachpinsel Gr. 12, feine und spitze Pinsel in den Größen 2, 6, 8, Wasserglas, feine Filzstifte in Schwarz und Rot, Aquarellfarbstifte, Bleistift, Radiergummi, Transparentpapier, Tonkarton, Kohlepapier, Schraubklemmen, Klebepistole, Klebstoffe, z. B. UHU HOLZ expressleim und UHU Alleskleber kraft.

So wird's gemacht

Vorlagen herstellen und übertragen

Die einzelnen Motivteile auf Transparentpapier durchpausen, auf dünnen Karton kleben und ausschneiden. Auf das Holzstück legen und mit einem Bleistift umfahren. Wenn Sie die Vorlagen auf ein 140-160 g/m^2 starkes Papier fotokopieren, können die Schablonen direkt ausgeschnitten werden. Einzelteile können auch direkt mit Kohlepapier auf das Holz durchgepaust werden.

Aussägen der Motivteile

Mit einer elektrischen Dekupiersäge lassen sich alle Arbeiten schnell und problemlos ausführen. Bei stärkerem Holz das zu sägende Teil langsamer durchschieben. Statt einer Dekupiersäge kann auch eine Stichsäge verwendet werden, für dünnere Teile bis zu 6 mm eine Laubsäge. Die Motivteile zuerst grob, dann exakt aussägen. Die Holzstärke ist jeweils in den Motivteilen auf dem Vorlagebogen angegeben.

Schleifen und Bohren

Die Kanten mit Schmirgelpapier glätten. Den letzten Schliff in Richtung der Maserung ausführen. Die Kanten grundsätzlich immer von innen nach außen abrunden. Den Schleifstaub vor

dem Weiterverarbeiten entfernen. Auf dem Vorlagebogen sind Bohrungen mit Kreuzen gekennzeichnet, seitliche Bohrungen durch Pfeile. Immer ein Holzstück unterlegen, damit die Ränder nicht ausfransen.

Zusammenkleben der einzelnen Teile

Am besten einen schnelltrocknenden Holzleim verwenden, z. B. UHU HOLZ expressleim. Geklebte Teile mit Schraubzwingen zusammenpressen, bis der Leim getrocknet ist. Um Abdrücke zu vermeiden, zwischen Holz und Zwingen eine dicke Pappe oder ein dünnes Holzstück legen. Kleine Teile können auch mit UHU Alleskleber kraft befestigt werden. Die Reihenfolge des Aufbaus und die Anordnung der einzelnen Teile kann aus dem Vorlagenbogen ersehen werden. Ebene 1 ist das unterste Motivteil, Ebene 5 ist das oberste aufliegende Teil. Die gestrichelten Linien auf der Vorlage sind Positionslinien, die Ihnen beim richtigen Platzieren helfen sollen. Zum Schluss nochmals die Kanten insgesamt bündig abschmirgeln.

Bemalen

Mattfarben auf Wasserbasis lassen sich sehr gut lasierend und mit fließenden Übergängen auftragen, sodass die Holzmaserung sichtbar bleibt. Größere Flächen mit einem Flachpinsel in Richtung der Holzmaserung streichen. Feine Zierlinien und Aufzeichnungen für das Gesicht mit dünnen Folienstiften nach dem Trocknen vornehmen. Beim Überlackieren kann der Lack den Auftrag der Stifte allerdings anlösen, daher unbedingt vorher eine Probe machen.

Hinweis

Bei Teilen, die bereits vor dem Verleimen bemalt werden, muss die zu leimende Fläche auf jeden Fall farbfrei bleiben, da sonst keine richtige Verbindung entsteht.

Krakelieren

Der erste Farbauftrag ergibt die später sichtbaren Risse. Den zweiten Auftrag, den Krakelierlack, in einer Strichrichtung auftragen. Den zweiten Farbauftrag sehr zügig vornehmen, da die Rissbildung sehr schnell einsetzt. Wichtig ist, dass alle Aufträge gut trocknen (mindestens eine Stunde). Durch Föhnen kann der Trocknungsprozess allerdings beschleunigt werden.

Schwammtechnik

Auf eine Grundfarbe mit einem Schwamm sparsam eine weitere Farbe auftupfen. Auch Farbübergänge können so sehr effektvoll gestaltet werden.

Herzlich Willkommen

Material

- Sperrholz, 4 mm, 20 x 20 cm (Vögelchen, kleine Herzen)
- Sperrholz, 18 mm, 20 x 20 cm (Haus)
- Dachlatten, 1,3 m, 35 x 18 mm (Dach, Grundplatte, Pfosten)
- Rest Rundholz, 4 mm Ø
- Mattfarben in Hellblau, Elfenbein, Orange
- Krakelierlack
- Schwamm
- Filzstift in Schwarz
- Haftetiketten, 15 mm
- Aludraht in Hellblau, 1 mm Ø
- Islandmoos
- Bohrer, 1,5 mm, 10 mm, 30 mm Ø

Vorlagen A1 – A3

Motivhöhe Vogelhaus: 25 cm, Herz: 13 cm, Pfosten: 70 cm

1 Die Dachlatten für den Giebel auf Gärung sägen. In die Hausform die beiden Löcher bohren. Das große kann auch ausgesägt werden. Hierfür zuerst ein kleines Loch vorbohren, dann die Säge einsetzen. Die Dachlatten für Giebel und Grundplatte so befestigen, dass sie rückseitig plan mit der Hausform abschließen und nach vorne überstehen.

2 Die Fläche des Vogelhauses und das Herz wie auf Seite 5 beschrieben krakelieren. Die Grundfarbe ist Hellblau, der obere Farbauftrag ist Elfenbein. Die Vögel in Schwammtechnik bearbeiten (siehe Seite 5). Das Vögelchen mit Bogeneinschnitt auf dem Rundholz befestigen, die anderen am Giebel bzw. auf dem Boden.

3 Das Loch im Vogelhäuschen mit Islandmoos ausfüllen. Auf das Herz die Schrift aufkleben bzw. selbst aufmalen, mit Vögelchen verzieren, zwei Löcher für die Aufhängung bohren und mit einem Aludraht am Vogelsteg befestigen. Den Draht teilweise über einem Bleistift spiralenförmig aufwickeln.

4 Ein Dachlattenstück in der gewünschten Länge spitz zuschneiden, auf der Rückseite des Vogelhauses gut festkleben und eventuell zusätzlich mit Schrauben fixieren.

WELCOME

Welcome-Bär

Material

- Sperrholz, 4 mm, 10 x 20 cm
- Sperrholz, 12 mm, 20 x 33 cm
- Aludraht in Hellblau, 1 mm ∅
- Halbperlen in Schwarz, 8 cm ∅
- Mattfarben in Weiß, Schwarz, Hellbraun, Gelb, Rot
- Holzstreuteile Bienen

Vorlage B

Motivhöhe: 29 cm

Sämtliche Einzelteile aussägen, den Ebenen entsprechend anordnen und festkleben. Bevor der Bienenkorb angebracht wird, die spiralförmig gedrehten Aludrähte mit den Bienen fixieren. Die Farben lasierend auftragen, die Ohren mit Schwammabdruck gestalten. Für die Augen die Halbperlen platzieren.

Gartenidylle

Abbildung & Materialangaben Seite 10/11

1 Die Einzelteile aussägen und bis auf die Hutkrempen alles zusammenkleben bzw. mit Draht verbinden. Beide Figuren lasierend bemalen. Zwischen Hutkrempen und Hüten Jutelöckchen festkleben. Mit Schraubklemmen gut fixieren. Die Figuren mit Holzstreuteilen, Knöpfen und Satinbändchen verzieren.

2 Die Zaunteile lasierend bemalen. Die Vogelhäuschen platzieren. Die Holzblumen entweder selbst aussägen oder bereits fertige Rohlinge kaufen. In die Blätter längs ein Loch zum Durchstecken des Rundholzes für den Stiel bohren. Die Blumen bemalen, mit Heißkleber in den Halbtöpfchen fixieren, mit etwas Islandmoos abdecken und zusammen mit den Figuren, Gießkanne, Spaten usw. auf dem Zaunteil anordnen. Die Figuren können mit Spaxschrauben vom Boden her zusätzlich fixiert werden.

WELCOME

Gartenidylle

Material

- Sperrholz, 4 mm, 25 x 15 cm (Gärtnerin), 10 x 15 cm (Gärtner)
- Sperrholz, 12 mm, 16 x 37 cm (pro Figur)
- Jutelöckchen
- Blumen-Holzrohlinge (Fertigteile)
- Vogelhäuschen (Fertigteile)
- Mattfarben in Haut, Hellblau, Rot, Grün, Gelb, Weiß
- diverse Holzstreuteile Blumen
- 2 Knöpfe in Blau, roter Faden
- Satinband in Rot, Blau, 6 mm
- Terrakotta-Halbtöpfchen, 3,5 cm
- Steckdraht, 1 mm Ø
- Gießkanne
- Spaten, ca. 22 cm
- Gartengitter, 23 x 27 cm
- Islandmoos
- Heißkleber
- Bohrer, 1,5 mm, 3,5 mm Ø

Vorlagen C1 - C2

Motivhöhe: 35 – 37 cm

Anleitung Seite 8

Bunte Blumen

Material

- Sperrholz, 4 mm, 25 x 20 cm
- Sperrholz, 6 mm, 22 x 8 cm
- Sperrholz, 8 mm, 12 x 14 cm
- Sperrholz, 10 mm, 14 x 4 cm
- Sperrholz, 12 mm, 20 x 8 cm
- Rundholz, 4 mm ∅
- Mattfarben in Rot, Grün, Gelb, Braun, Blau
- Bast in Natur
- Holzstreuteile Marienkäfer, 25 mm
- Bohrer, 4 mm ∅

Vorlagen D1 - D3

Motivhöhe: 19, 22, 26 cm

1 Die Einzelteile nach den Vorlagen aussägen und bemalen.

2 Die Blätter der Sonnenblume bündig am Stiel festkleben. Für die Tulpe und für die blaue Blume die Blätter durchbohren, sodass das Rundholz für den Stiel darin befestigt werden kann. Die Blumentöpfe erhalten für die Befestigung ebenfalls Löcher.

3 Die Tulpenblätter gemäß Zeichnung dreidimensional ineinander stecken. Auf der blauen Blume vier Herzen zu einer Blüte zusammenkleben. Hier können auch fertige Holzstreuteile verwendet werden.

4 Sämtliche Blüten mit Marienkäferchen und teilweise mit Bastschleifen verzieren. Abschließend die Bodenplatten festkleben.

Gartenwichtel

Material

- Vierkanthölzer, 5,5 x 5,5 x 16 cm + 3,5 x 3,5 x 10 cm
- Rundhölzer, 8 + 10 mm ∅
- Holzkugeln, gebohrt, 5 + 7 cm ∅
- Modellierfilz in Dunkelrot, Blau, Gelb, Orange
- Filz in Gelb, Rot, Blau, Hellgrün
- Mattfarben in Haut, Dunkelrot, Grün, Blau, Gelb, Rot, Orange
- Knöpfe, 12 + 18 cm ∅, und Faden
- Gartengeräte aus Holz, 15 + 24 + 25 cm
- Hanf
- Steckdraht, 1 mm ∅
- Figurendraht, 6 mm ∅
- Holzhände, 32 x 15 mm, 24 x 12 mm
- Holzfüße 52 mm, 35 mm
- Holzperlen, 6 + 8 mm ∅, halbiert
- Bohrer, 8 mm, 10 mm ∅

Vorlagen E1 - E3

Motivhöhen sitzend: 26 – 40 cm

Anleitung Seite 16

Hans und Liesel

Material

- Sperrholz für beide Figuren: 10 mm, 25 x 25 cm
- Mattfarben in Dunkelrot, Hellgrün, Weiß, Elfenbein, Hellblau, Orange, Braun, Ocker, Gelb, Haut
- Krakelierlack
- Drahtgimpe, 1 mm, oder Juteschnur in Orange

Vorlagen F1 - F2

Motivhöhe: ca. 20 cm

Die Vorlagen aussägen und zusammenkleben: das Zwischenstück für die Knie auf den Oberkörper, darauf die Beine bzw. den Rock mit Beinen. Die Kleidungsstücke krakelieren (Seite 5). Die Grundfarbe ist bei beiden Figuren Elfenbein. Die restlichen Teile bemalen.

Gartenwichtel

Abbildung & Materialangaben Seite 14/15

1 Die Vierkanthölzer als Fertigteile kaufen oder selbst zuschneiden und abschrägen. Gemäß Zeichnung vier Löcher für Arme und Beine sowie ein zusätzliches für das Rundholz für den Kopf bohren. Für die Verbindung zwischen Hals und Kopf Rundhölzer in der Länge von 2 und 3 cm zuschneiden. Köpfe und Körper bemalen.

2 Für die Mützen aus Modellierfilz die Zuschnitte E2 anfeuchten, auf einer separaten Kugel formen, den unteren Rand umschlagen und die Naht zusammenkleben. Nach dem Trocknen behält der Hut seine Form.

3 Für die Haare Hanfstücke von 10-20 cm abschneiden, mit einem Draht in der Mitte abbinden und die Drahtenden in die Bohrung am Kopf kleben. Die Haare ringsum verteilen, die Mützen darauf festkleben und die Frisuren in Form schneiden.

4 Gesichter aufmalen. Für die Nasen halbierte rote Holzperlen aufkleben. Halstücher E3 zuschneiden und festknüpfen. Knöpfe mit Faden versehen und aufkleben. Den Figurendraht für Arme (8 + 10 cm) und Beine (10 + 12 cm) in den Löchern festkleben. Mit Holzhänden und Füßen ergänzen und die Gartengeräte anordnen.

Katz und Maus

Material

- Sperrholz, 4 mm, 7 x 15 cm
- Sperrholz, 6 mm, 10 x 18 cm
- Sperrholz, 16 mm, 35 x 20 cm
- Mattfarben in Weiß, Schwarz, Rot, Rosa, Hellgrau, Blau

Vorlagen G1 - G2

Motivhöhe Katze: 24 cm, Maus: 11 cm

1 Sämtliche Teile nach den Vorlagen aussägen und entsprechend der verschiedenen Ebenen zusammenfügen.

2 Die Tiere bemalen. Die Katze in der Schwammtechnik, wie auf Seite 5 beschrieben, gestalten.

Faule Frösche

Abbildung & Materialangaben Seite 20/21

Sämtliche Teile nach den Vorlagen aussägen, aufeinander kleben und lasierend bemalen, dabei die Farbübergänge noch feucht ineinander ziehen. Die Augen erst nach dem Trocknen aufmalen.

Material

- Sperrholz, 6 mm, 20 x 30 cm
- Sperrholz, 16 mm, 25 x 25 cm
- Mattfarben in Hell- und Dunkelgrün, Ocker, Schwarz, Weiß

Vorlagen H1 - H2

Motivhöhe : 16 x 17 cm und 23 x 16 cm

Anleitung Seite 18

Lustige Tiere

Material

- Sperrholz, 4 mm, 7 x 40 cm (Köpfe)
- Sperrholz, 20 mm, 8 x 45 cm (Körper)
- Papierkordel in Weiß, Blau, Gelb, Grün, 2 mm
- Holzperlen in Weiß, Pink, Grün, Braun, 10 mm ∅
- Aludraht in Blau, Grün, 1 mm ∅
- Holzstreuteile: Herzen, Blumen, Marienkäfer
- Mattfarben in Grün, Gelb, Pink, Violett, Grau, Weiß, Schwarz, Rosa, Braun, Ocker
- Rundhölzer, 4 mm ∅
- Halbperlen in Schwarz, 5 + 6 mm ∅
- Holzfüße, 25 x 20 mm
- Bohrer, 3 mm, 4 mm ∅

Vorlagen J1 - J6

Motivhöhen sitzend: etwa 15 cm

1 Sämtliche Einzelteile nach dem Vorlagenbogen anfertigen und bemalen. An Körper und Kopf die Verbindungslöcher bohren.

2 Rundhölzer und Kopf zusammenmontieren. Papierkordeln von 8 cm für die Arme und von 10 cm für die Beine zuschneiden und in den Bohrlöchern festkleben. An den Enden Perlen und Holzfüße befestigen.

3 Halbperlen für Augen und Schnäuzchen platzieren. An den Armen teilweise einen spiralenförmigen Draht mit aufgereihten Holzstreuteilen befestigen.

Hund und Katze

Material

- Sperrholz, 4 mm, 30 x 25 cm (Hund)
- Sperrholz, 8 mm, 21 x 30 cm (Katze)
- Sperrholz, 12 mm, 4 x 12 mm (Hund)
- Mattfarben in Weiß, Schwarz, Rot
- Holzstreuteil Herz
- Steckdraht, 1 mm Ø
- Bohrer, 1,5 mm Ø

Vorlagen K1 -K2

Motivhöhen Hund: 16 cm, Katze: 26 cm

1 Sämtliche Einzelteile aussägen und auf den verschiedenen Ebenen festleimen. Beim Hund zwischen Kopf und Körper ein Zwischenstück (12 mm stark) befestigen.

2 Hund und Katze in Weiß und Schwarz bemalen und mit einem Schwamm Strukturen aufbringen. Die Katze erhält kleine Drahtspiralen als Haare und einen Schnurrbart aus Draht. Für sämtliche Drahtbefestigungen kleine Löcher bohren.

5
Kampf um den Pokal
Mario Becker
KeRLE
6
Packendes Finale
Mario Becker
KeRLE
2
Käptn vor, noch ein Tor
Eric Geuchen
KeRLE

Gute Nacht

Material

- Sperrholz, 4 mm, 20 x 15 cm (Bär)
- Sperrholz, 6 mm, 15 x 25 cm (Mond)
- Sperrholz, 8 mm, 50 x 25 cm (beide Scheiben)
- Sperrholz, 24 mm, 10 x 10 cm (Abstandhalter)
- Lichterkette mit 10 Birnchen
- Mattfarben in Dunkelblau, Goldgelb, Braun, Ocker, Weiß, Schwarz
- Halbperle, 6 mm ∅
- Holzstreuteile Sterne, 30 mm
- Bohrer, 10 mm ∅

Vorlagen L1 - L3

Motivhöhe: 24 cm ∅

1 Sämtliche Einzelteile vom Vorlagenbogen übertragen, aussägen und bemalen. In die Sterne Löcher von 10 mm ∅ bohren. Diese Löcher müssen auch an den gekennzeichneten Stellen auf der oberen Grundplatte angebracht werden.

2 Den Mond auf einen Abstand von 8 mm mit kleinen Zwischenklötzchen auf der Grundplatte festkleben. Die Lämpchen der Lichterkette von hinten durch die Löcher der Grundplatte und durch die aufgeklebten Sterne stecken. Die Lämpchen sollen auf der Vorderseite überstehen.

3 Sechs weitere Abstandsklötzchen, 24 mm hoch, in gleichmäßigem Abstand verteilt auf der Rückseite der Grundplatte aufkleben. So wird eine Verbindung sowie genügender Abstand zu der Abdeckplatte hergestellt. Diese in der gleichen Größe wie die Grundplatte zuschneiden. Zwischen beiden Platten das Kabel der Lichterkette verstecken, eventuell mit etwas Klebeband fixieren, sodass es nicht über den Rand hinausragt. Als Letztes den Bär zusammenkleben und auf dem Mond fixieren.

Tipp

Für die Abstandsklötzchen können auch Holzreste zusammengeklebt werden.

Frohes Fest

Material

für den Engel

- Sperrholz, 4 mm, 25 x 25 cm (Motivteile)
- Sperrholz, 10 mm, 10 x 5 cm (Fußteil)
- Sperrholz, 16 mm, 6 x 6 cm (Kerzenplatte)
- Sperrholz, 20 mm, 36 x 12 cm (Körper)
- Sperrholz, 20 mm, 8,5 x 13 cm (Grundplatte)
- 2 Rohholzhalbkugeln, 20 mm ∅
- Mattfarben
- Krakelierlack
- Puppenzopf in Rot
- Glas-Teelicht
- Steckdraht, 1 mm ∅
- Bohrer, 1,5 mm ∅

für den Nikolaus

- Sperrholz, 4 mm, 22 x 40 cm (Motivteile)
- Sperrholz, 6 mm, 12 x 18 (Tannenbaum)
- Sperrholz, 10 mm, 5 x 5 cm (Abstandhalter)
- Sperrholz, 16 mm, 20 x 50 cm (Körper)
- Sperrholz, 20 mm, 12 x 21 cm (Grundplatte)
- Mattfarben
- Holzstreuteile Sterne in Gold, 16 + 25 mm
- Rohholzhalbkugel, 20 mm ∅
- Strukturschnee

Vorlagen M1 - M2

Motivhöhe Engel: 45 cm, Nikolaus: 50 cm

Engel

Sämtliche Einzelteile aussägen und bemalen. Das Engelskleid, wie auf Seite 5 beschrieben, krakelieren. Die Grundfarbe ist Weiß, Hellblau bildet den Abschluss. Die Teile zusammenkleben. Stern und Flügel hinter der Figur anordnen. Für die Hände zwei Halbkugeln aufkleben. Den Halter für das Teelicht anbringen. Für die Haare am oberen Rand ein Loch in den Kopf bohren. Den Puppenzopf auflösen, die Haare in entsprechender Länge in der Mitte mit einem Draht abbinden und die Drahtenden in die Bohrung am Kopf kleben. Die Haare gleichmäßig verteilen und die Frisur in Form schneiden.
Den Engel auf der Grundplatte fixieren, eventuell mit einer Spaxschraube von unten stabilisieren.

Nikolaus

Die Einzelteile aussägen, die verschiedenen Ebenen zusammenfügen und bemalen. Die Nase entsteht aus einer Rohholzhalbkugel. Auf Bart und Rocksaum den Tannenbaum mit den Sternen befestigen. Darüber die Hände platzieren. Zum Höhenausgleich muss der Besatz der Handschuhe nochmals zusätzlich aus einem 10 mm starken Holz zugeschnitten und unterlegt werden. Den Nikolaus auf der Grundplatte aufkleben. Zum Fixieren können von unten zwei Spaxschrauben befestigt werden. Abschließend Strukturschnee mit einem Stupfpinsel auftragen.

Schneemänner

Material

- Balkonbrett, 9 x 90 cm
- Sperrholz, 4 mm, 12 x 10 cm (Herz)
- Sperrholz, 8 mm, 15 x 20 cm (Hüte)
- Sperrholz, 13 mm, 25 x 15 cm (restliche Teile)
- Sperrholz, 20 mm, 13 x 34 cm (Grundplatte)
- Rohholzhalbkugeln, 20 mm ∅
- Fertigteile: Vogelhäuschen, Holzzaun, 34 x 15 cm
- Juteband in Rot, Blau
- Figurendraht, 6 mm ∅
- Strukturschnee und Stupfpinsel
- Holzstreuteile: Herzen, Vögel
- Mattfarben in Weiß, Schwarz, Rot, Hellbraun, Orange
- Rundholz, 8 mm ∅, 30 cm lang
- Abacafaser in Natur oder Fertigteil Besen
- Juteschnur
- Bohrer, 8 mm ∅

Vorlagen N1 - N4

Motivhöhe: 48 cm hoch, 34 cm breit

1 Ein Balkonbrett reicht für beide Figuren aus. Die Aufteilung vornehmen und auseinander sägen. Restliche Einzelteile nach den Vorlagen aussägen und bemalen.

2 Für die Arme aus 15 cm langem Figurendraht seitlich an den mit Pfeilen gekennzeichneten Stellen Löcher bohren. Löcher in den Handschuhen anbringen und beides verbinden. Knöpfe, Nasen, Hüte und Schuhe aufkleben, mit Schal, Herz und Besen dekorieren. Der Besen entsteht aus einem 30 cm langen Rundholz, an dem etwa 10 cm lange Abacafasern festgebunden werden. Oder einfach ein Fertigteil verwenden.

3 Beide Figuren auf der Grundplatte fixieren, eventuell mit zusätzlichen Spaxschrauben stabilisieren. Mit Strukturschnee gestalten. Den Zaun auf 34 x 15 cm kürzen, mit dem Vogelhäuschen an der vorderen Kante der Grundplatte festkleben und Verzierungen mit Strukturschnee vornehmen. Das Loch im Vogelhäuschen mit einem blau bemalten Sperrholzteil hinterkleben. Vögelchen und Herzen aufkleben.

Tipp

Holzzaun (80 x 15 cm) und Vogelhäuschen gibt es fertig zu kaufen. Sie können es aber auch selbst herstellen.

Impressum

ISBN 3-419-56629-8

Textredaktion:
Ursula Brunn-Steiner, Groß-Gerau

Styling und Fotos:
Christoph Schmotz, Freiburg

Layoutentwurf:
Network!, München

Gesamtproduktion:
smp, Freiburg

Satz:
Gisa Bonfig, Freiburg

Druck:
Freiburger Graphische Betriebe

Wir sind für Sie da, wenn Sie Fragen haben.
Und wir interessieren uns für Ihre eigenen Ideen und Anregungen.
Schreiben Sie uns, wir hören gern von Ihnen!
Ihr Christophorus-Team

Verlag Herder GmbH
Christophorus-Verlag
Hermann-Herder-Str. 4
79104 Freiburg
Tel.: 0761/2717-0
Fax: 0761/2717-352
e-mail:
info@christophorus-verlag.de
www.christophorus-verlag.de

Profitipps der Autorin

- Holzzuschnitte besser etwas großzügiger wählen. Dann ist das Aussägen leichter.
- Die Rückseite der Holzmotive ebenfalls bemalen, damit sich die Holzteile nicht verziehen.
- Für kleine Scheiben kann auch Balserholz verwendet werden. Dieses lässt sich mit dem Kreisschneider zuschneiden.
- Effektvoller wirken die Kanten, wenn sie nach dem Bemalen teilweise mit feinem Schmirgelpapier abgeschliffen werden.
- Modelle für den Außenbereich zusätzlich mit einem wetterfesten Lack schützen.
- Augenpunkte lassen sich sehr gut mit der Rückseite eines Pinsels aufsetzen. Für Lichtreflexe in den Augen weiße Punkte mit der Spitze eines Zahnstochers tupfen.
- Rote Bäckchen mit Aquarellstift aufmalen und wässrig vermalen.
- Mit Aquarellstiften lassen sich auch Abgrenzungslinien aufzeichnen, die man auch noch leicht wässrig vermalen kann.

3-419-56541-0

3-419-56572-0

3-419-56580-1